ATHENA
EDICIONES

# MIS TRES FUENTES DE INSPIRACIÓN

## DIOS LA MUJER Y LA NATURALEZA

Gabir Meza C.

(El poeta Chenguero)

# MIS TRES FUENTES DE INSPIRACIÓN

## DIOS, LA MUJER Y LA NATURALEZA

**Gabir Meza C.**

**(El poeta Chenguero)**

Autor: Gabir Meza Camacho

Diseño de portada: Kengelyn Alarcón

Corrección de estilo: Adelis Becerrit Días

Maquetación: Divayre Sandoval

COL. 2023 / © Copyright:

Todos los derechos reservados.

ISBN: 978-980-8030-08-2

Primera edición.

# Índice

# Mi propia guerra

Desde el primer momento que empecé a escribir
observé la contradicción de mi subconsciente.
Mi yo me decía: Dios te va a bendecir,
porque te hizo con virtudes para ser un escritor
Influyente.
Pero cundo me ponía a descansar, en sueños volvían
los versos a mi mente.
Me levantaba corriendo para poderlos anotar
y empezar una poesía que me adelantó el subcons-
ciente,
para buscar el camino en que pudiera triunfar.

Muchos diplomas he podido ganar
en mis diferentes participaciones.
Al ver mis versos por el continente volar,
me lleno de satisfacciones.

Le jalo a la poesía y también a las canciones,
que deseo con anhelos en otra voz escuchar cantar,

porque ellas tienen la esencia del amor para alegrar
los corazones.
Cuando la mujer tiene la magia de ponerme a impro-
visar,
guerreros del camino los invito a caminar,
para seguir mostrando nuestras virtudes.


Porque mis musas en mi jardín son mi aliciente para
poderme inspirar
delante del mundo y sus multitudes.
Salen mis versos con orgullo a concursar
a diferentes partes del universo.
Algún día ocuparé un primer lugar
con la bendición del padre glorioso.


Se despide el poeta virtuoso
de las grandes multitudes,
con un Dios tan bueno y generoso.
A ganar, eso no lo duden.

# El pintor afamado

Habría un pintor afamado
que pintaba cuanto quería.
Pintó a la Virgen María
arropada con su manto,
con lágrimas y quebranto.
En su memoria también
él se ponía a platicar
con su hermoso saber.
Para ver si podía pintar
el amor de la mujer.

Pinté un valle lleno de flores bellas
con lo mejor de la naturaleza,
con su hermosa belleza
y encanto para ella.
Un sol que parecía una estrella
en el centro de ese valle,
con cuidado y detalles
y con mi hermoso saber,

yo me ponía a platicar
para ver si podía pintar
el amor de la mujer.
Ya he pintado tantas cosas
que figuran en el mundo.
Y con mi saber fecundo
les pinté a la Milagrosa,
con su corona y su fosa
y un hermoso corcel.
Yo me ponía a platicar
con mi hermoso saber,
para ver si podía pintar
el amor de la mujer.

Pinté el gigante firmamento
con millones de luceros,
y el hermoso azul del cielo
engrandeció mis pensamientos,
con las grandes maravillas
que el hombre con su cartilla
puede gozar y platicar.
Con su hermoso saber
para ver si puede pintar
el amor de la mujer.

Que el hombre con su cartilla
puede gozar y platicar,
para ver si podía pintar.

17

# La toronja

Quién puede con tanta fiebre
hablando de la toronja.
Alguna lleva esponjas
metiendo gatos por liebres.
Se miran claritos el quiebre
y el camino a la trocha,
con su amigo de rochan con el marcado compás.
Entonces se miran más
el porte de la panocha.

De seda es del pantalón,
mírenlo con disimulo.
Como presenta el cuello
para sentir la emoción,
como resiste un varón
este petrencase ardiente.
El hombre aunque sea prudente
le dan ganas de tentar
y hoy sí se puede gozar

con el pantalón caliente.

La mujer que es ardiente,
busca la forma de mostrar
lo que entre piernas se siente.
Otro lo puede saborear,
la moda es un carnaval.

Donde vivimos sanos, cuerdos y locos,
viva su vida y de gozar.
Porque cada quien vive de su antojo,
la toronja grande se va a resaltar
en la mirada de avispados y bobos.

# De rosas

Cuando me hablan de las rosas
me dan ganas de llorar.
Ellas nos brindan todas las cosas
de una manera muy especial.

Una me trajo al mundo por amar
y otra en sus brazos me quiere ver crecer.
Yo no las dejaré de cultivar,
ellas son las fuentes de inspiración y placer.

Con ellas puede conocer
las maravillas de la vida.
De rosas mi jardín pude embellecer.
Con diferentes espinas curan mis heridas.

Siempre se irán siendo mis flores queridas
que adornan mi vida y mi corazón,
porque mis experiencias vividas

miles rosas de colores adornan a este poeta lleno de
amor.


Yo cultivé rosas blancas y también de color,
buscando el deleite de su aroma y su miel.
Viendo las delicias de ese manjar de flor
volamos hacia el panal como soldado fiel.


Nunca cambiaré el disfrute del roce de su piel
cuándo sus espinas uno se encarama.
Tú eres la más linda rosa llamada mujer.
Déjame sentir tus caricias en la cama.


Mi néctar en deseos se derrama
viendo a tu flor enrojecer.
No importa que sea blanca, negra o morena,
contigo quiero pasar la noche hasta amanecer.

# Locura de un amor

Meditar no es de locos.

¿Pero por qué uno llega a amar a un ser  desconoci-
do,

metiéndose en lo más profundo del pensamiento

hasta llegar a llorar cuando en sus brazos no la ha te-
nido?

Es un poema concebido

con ese hermoso monumento.

Ellas son las fuentes de riquezas e hijos.

Flores para darnos vida, amor y argumentos,

cuando se clavan en el corazón y el pensamiento.

Son como tatuajes, difíciles de borrar.

No existen consejos para quedarse quieto

hasta que la cosecha se pueda saborear.


Y la vertiente empieza con delicadeza a mostrar

sus encantos primorosos.

Entre caricias al hombre domar

con la miel del panal mundo delicioso.

Así crece el amor como río caudaloso,

de dos seres que conocieron la pasión.

Hoy el jardín se adorna con capullitos esplendorosos,

productos de un verdadero amor.

# Qué es la poesía

Observo todo lo que está a mí alrededor,
y todo lo que veo es purita poesía.
Miro hacia el cielo y me acuerdo de su constructor.
El dueño de todo lo que existe en el universo
y de las otras esferas perdidas.

Observo el mar con una extensión desmedida,
con muchísimos misterios ocultos para el hombre.
Solo el hombre busca riqueza perdida
y el poder absoluto donde lo conviene,
para todos los seres vivientes que se van pero no vie-
nen,
cumpliendo las leyes de la materialización.
Naces, comes, creces y mueres,
volviendo a la tierra en sus composición.
Todo el general tiempo con un Dios muy superior,
padre eterno del amor y el verso,
que siempre estará en mi memoria, en mi corazón y
en mi entender.

Ha dejado el poder en las manos del hombre
aviador.
Y el hombre, en su afán al poder,
lo está perdiendo todo causando dolor,
dejando de amor a la mujer,
el padre en su justicia y deber.
Único arquitecto sublime y pintor,
que a sus hijos no ha dejado de querer
a pesar de su mala situación.

# Mi pluma soledad y yo

Mi corazón revienta de tristeza.
Mi pluma se desespera.
Soledad me abre su puerta
de una manera muy placentera.

Yo sin un amor que me consuela
en mis ratos de amargura.
Solo mi soledad está a la espera,
después de tantas rosas que me llenaron de ternura.
Soledad me siembra la duda
Y me muestra la realidad.
Nada de nuestra vida perdura
porque lo que vivimos es purísima vanidad.

Cuando el hombre puede cambiar
sembrando amor en los corazones,
no existirá más soledad
ni andaremos en destrucciones.

# Lo que se puede compartir

Con ganas de verte, mujer,
compartiendo tus deseos.
Yo sé que en este paseo
disfrutaremos de placer,
porque lo sabemos hacer
y con orgullo te lo digo;
porque los dos nacimos
para llenarnos de gozo
debajo de árbol frondoso,
recibiremos el mejor cariño.

El primer día que estuvimos debajo del árbol de ta-
marindo,
conocí al significado del verdadero amor.
Y cuando en el placer nos fundimos,
saboreé el néctar de mi hermosa flor.
Fueron momentos de lujuria y sudor,
debajo de aquí, el árbol de tamarindo.
Solo se escuchaba el canto del ruiseñor,

pero lo más hermoso era el roce de tu frágil y el pie
que
con gusto sentimos,
muy contento a mí lindo pincel sin causarte dolor.


Nunca estudié para doctor,
pero en ella probé mi formulita:
Aquellas gotas de sudor
en mi pecho se sintieron muy exquisitas.
Miren qué cosas tan bonitas,
lo que despierta la pasión.
Está en hermosa mi flor de margarita,
que puso a correr a millón a mi corazón.
Fueron bien preparadas mis góticas,
para escribir en su cuerpo un mundo de canción,
cuando se movía de arriba abajo.

# Los malestares del alma

Con tanto brillo que se levanta uno,
como si nada lo fuese a aguantar
y el tiempo prueba al gallo en su turno
y su finura con prudencia puede demostrar.

Es como el río Magdalena, orgulloso al mar sus aguas
le puede dejar levantándose el mar haciendo barrera.
Quién de los dos puede ganar
con su guerra placentera.

Bocas de ceniza es desembocadura
del río más importante de Colombia.
Con sus tajamares que para el turismo, la locura,
visitar el malecón el sinónimo de victoria;
los recuerdo tanto, porque allí conocían hermosa glo-
ria
de parranda por el malecón.
Sus travesuras quedaron escritas en mi memoria,

como la rima de un lindo verso cantado con inspira-
ción.


Linda poesía encontré en ese hermoso mujerón,
que me incitaba a conocer la flor del placer.
¿Cómo no iba a saborear el agua de su jarrón,
si la noche era prometedora para disfrutar hasta el
amanecer?


Todo mis escritos tienen algo de que aprender,
por su sencillez y lo exquisito,
con la rima mi pincel se deja ver,
escribiendo mis versos bonitos.

# El despertador de mis versos

A pesar de mi mala situación,
sigo componiendo con alegría.
Cuando escribo con el sentido de mi corazón,
se escuchan mis notas y melancolía.

Caminando las calles en la tierra mía,
las ventas están más duras que sancocho de tuerca.
Pero no me acobardo porque la batalla no está perdi-
da,
porque soy un ejemplo para que ellos sinvergüenzas,
que se derraman los viernes, sábado y domingo har-
tándose besos.

No hay plata para la comida,
pero si hay para llenar las mesas.
¿Cuál es el futuro de la patria mía?
Se lo dice cantando el poeta de la casa.

Trato de progresar pero me cierran las puertas,

porque no tengo padrinos que me recomienden.
Pero de mi padre término espero su promesa,
que todo lo que saque a vender vuele como pan ca-
liente.


Sería para mí un gran aliciente
y la mejor manera de prosperar.
Que se lea mis poesías por todo el continente,
es mostrarle al mundo que sí se puede batallar.

# El tragao

Tu belleza encantadora
me tiene el alma hecha pedazos.
¿Dígame cómo hago, mi linda morena,
porque me muero por verte en mis brazos?

Le diste a mi corazón un tremendo flechazo.
Te clavaste en lo más profundo de mi ser.
La ciencia médica no sabes qué hacer con mi caso,
sin encontrar las palabras para responder.

La culpable de mi mal es mi linda mujer,
Por la que vivo pensando en todo momento.
Si en verdad que tú eres buena, déjate querer;
serás tú la medicina de mis penas y sufrimientos.

Solo un loco de amor con sentimientos.
Dime si por quererte de esta manera es un pecado,
si en ti encontré la musa de todo mis versos,
a pesar de ser un picaflor estoy enamorado.

Con mirarte simplemente me he acomodado,
porque mis ojos no tienen ganas de mirar a otra mu-
jer.
Me hechizaste hasta con tu mirada, me tienes embo-
bado,
sin probar de los manjares de tu dulce miel.

# Soledad, amiga fiel

En el día de mis labores me ocupaba.
Al caer la noche en mi mente era un peregrinar,
porque mis cuatro paredes me acompañaban;
mi fiel amiga que no me dejaba de acompañar.

De la vida es un momento fatal,
no tener con quién desahogarse.
Soledad metía su mano en mi pecho y de mis ojos mi
lágrima secar,
hasta ver mi cuerpo desplomarse.

Me levantaba corriendo a bañarme,
para olvidar un poco mis penas.
Soledad podía mirarme
A través del espejo de mi alma.

Pensar en la tristeza me enferma,
pero la vida tiene ratos amargos de verdad.
Soledad será mí única dueña
en esta valle de soledad.

# Lo bonito del verso

¿En dónde está la gracia del verso
que escribimos con ternura?
En la picardía, la rima y el talento
para darle su dulzura.

El amor no es amor si no florecen ayunas.
La belleza del arcoíris, la variedad del color
y el plato más apetecido como la mujer ninguna,
con aroma y esplendor.

Nace uno de sus entrañas por amor.
Y por sus virtudes nos roban la calma.
Poeta con un sueño inspirador,
para disfrutar del ser que me robó el alma.

Se escuchan los aplausos cuando levanto mis palmas.
Mi mujer es una fiera entre mis brazos,
que con esa piensa me infundió luz a mi bravura con
calma.

Amor que en esta vida no sé por pedazo.


Con mis versos juego sin relajos,
y la tranquilidad que a mí me gusta.
Porque la que no me sabe amar la mando para el ca-
rajo,
aunque sea tierna su fruta.


Buscando entre las flores aquella hermosa gruta,
entre sus valles, la montaña del amor.
Un camino largo donde uno disfruta,
las fragancias de esta hermosa flor.

# ¿Cómo hago para levantarme?

Soy guerrero inquebrantable,
vencedor de mil batallas.
Porque le pusiste a este  ser tan  indomable,
la única guerrera que me vence en la raya.

Mi bravura se pierde solamente con mirarla.
Sabes pegar donde uno más siente.
Perfectamente puedo admirarla,
porque son la brújula de nuestro horizonte.

A cien  guerreros los derrotó de frente,
pero con una flor maravillosa
solo espero la derrota,
para quedar atados a sus piernas, como bebé pidiendo
mi aliciente.

¿Qué tienen ustedes mujeres
para dominarme tan fácilmente?

Si del suelo me levanté triunfante, gracias a ustedes,
mis amores.


Son principio de ética, moral y valores,
que la poesía he podido moldear.
Habilidades que el tiempo nos vuelven conocedores,
para su hermosa semilla poder cultivar.


Una sola razón para perder sin llorar.
Ustedes son nuestros pilares fundamentales,
tienen el instrumento para procrear,
poblando la tierra de rosas ornamentales,
acabo con diez animales bravos sin pensar en la
muerte.

# El legado de los difuntos

Todos los que vivimos aquí en la tierra
tenemos que cumplir con una misión. A veces nos
vemos corriendo de ella,
sin tener la dicha de amarrándonos bien el pantalón.
Nos llevan de este mundo para otro mejor,
eso lo dicen ciertas personas sin haberlo conocido.
Como dijo Santo Tomás, que hay que ver para creer;
por lo tanto sigo creyendo en que he vivido.

En mi vida Dios eterno me ha permitido
llevar mis composiciones por el continente.
Tener en mis jardines y los amores míos,
como todo muy jardinero pulcro y decente.

Todavía no puedo hablar más allá de la muerte,
Porque no he conocido el primero que después de
muerto
conmigo allá  hablado.
Aquel que me diga solo trato de insolente,

porque yo en el fondo de mi alma quiero cumplir con
mi legado.


Dejándole a todos mis hijos lo que con orgullo he co-
sechado.
Un escritor narrando su dinero.
Un libro abierto dejo, les dejo marcado.
Por lo tanto me quedo callado hasta conocer más allá
del exilio.


Incógnitas quedarán en mi libro
a pesar de todos mis estudios. Una  verdad
que a diario escribo,
de los que se fueron para el otro mundo.


En el amor de mis seres queridos me confundo,
sin esperanza de volverlos a ver.
Que andamos de ambulantes como policías de turno,
con la bendición del padre eterno y la dicha de no
amanecer.

# Eres incomparable

## Mi dios es amor


En mi corta edad sobre la tierra,

me he podido graduar con todos los honores.

Brillar por siempre, por siempre como brilla su pala-
bra;

como complemento de mi vida y sus valores.


Que el poder eterno es de luces para conocedores,

porque en cada uno de mis escritos lo he podido de-
mostrar.

Brillen con humildad, señores escritores,

porque esa semilla abundará como la mujer para
amar.


Son infinitas nuestras luchas para lograr,

un mundo con jardines floridos, mis amores,

con las guerras tanto externas como personal;

solo los significa sangre y sinsabores.

Del Padre Eterno nos puede alejar por la falta de va-
lores.

Mi universidad es mi hogar,

mis títulos profesionales están en la calle,

porque la vida es como aquel velero que lanzamos a
la mar,

entre tormentas y mirar detalles.

# Canción inédita

## Lágrimas de dolor

Ay, dime morenita que te está pasando.
¿Quién es el culpable de tu gran dolor?
Porque hace mucho rato que yo estoy notando,
correr por tus mejillas lágrimas de pasión.

Yo quisiera ser el dueño de tu amor,
para hacerte feliz toda la vida.
No dejes morir a este soñador
que simplemente quiere curar todas sus heridas.

Cuando te vi sentada en la playa,
con tu mirada perdida hacia el mar,
como queriendo sacarte una pena
que muy profundamente en tu corazón podría llevar.

Pero su llanto no la dejaba hablar,
para decirme quién era el causante de su decepción.
Un pobre infeliz que no supo valorar,

deshojando sus pétalos que guardabas con amor.

Yo voy a curar todo tu dolor,
como el mejor especialista.
Sin ningún título, doctor,
porque me tienes bendita.

Las tomas que tú necesitas
de ser hermoso panal de miel,
yo te las llevo a tu camita
con muchísimo amor y placer.

No me fallará mi formulita,
para verte contenta también.
Te llevaré a ese lugar de la playita,
cuando tú seas mi mujer.

# Mi gentil niñez

Qué tiempos aquellos
donde vivíamos con humildad,
educados por buenos maestros con ética, moral y
dignidad,
con una piscina natural donada por nuestra majestad.

Donde todos nos podíamos bañar
sin pedir  permiso a los demás.
Bastantes terrenos libres para hacer la necesidad,
pero con el modernismo se nos acabó nuestra tran-
quilidad.
Con la guerrilla terminó con lo más lindo, llamado li-
bertad.

¿Hasta dónde los sueños del pueblo van a irrespetar?
Si nuestra mayor riqueza es el terruño.
La educación exquisita no permitía a nadie falta,
porque los principios de hogar eran infundados.

Hoy veo cómo esos tiempos han cambiado.
Los gobiernos interpusieron el desarrollo de los pue-
blos
para beneficios de sus intereses personales
y la educación al pozo la han tirado.


No dándose cuenta de que la mayor riqueza de una
nación en la educación, pero mafia de corruptos sin
sentimientos a su país,
nos llevaron a la pobreza extrema mientras ellos se
pudren con propiedades un montón, porque si son ele-
gidos presidentes, son los dueños de los bienes de la
nación.

# Mi primer retoñito, flor

Ella es la semilla de mi hija mayor,
o sea, mi hermosa nieta.
Es una de mis diez orgullos,
mi niña inquieta.
Orgulloso de ella me encuentro,
por sus deseos de ser una profesional.
Es la casta, el talento
de una guerrera que aprenda a perseverar.

Dios de su mano me la va a llevar,
a conseguir su hermosa carrera
y el título su abuelo le va a mostrar
con humildad placentera.

Ejemplo y  entera constancia de su madre luchadora
y su padre batallador.
Pronto tendremos en la familia a la verdadera defen-
sora

de los derechos del pobre acomodado, el rico y el
doctor.

49

# Las virtudes del amor

En un jardín florido nací,
rodeado de clavelinas y rosas.
Y a los seis años recibí
qué me tenía que ir para la arenosa.

Otro jardín cubierto de lindas margaritas hermosas
con las cuales me levanté.
Mis aventuras serán grandiosas
y de picaflor me gradué.

En cada una de ellas una virtud observé.
Siendo un aprendiz del amor
y una vecinita que tanto añoré,
por darme el postre de su rica flor.

Me abrí camino para recibir buena educación,
para hacer una persona de principios éticos y morales
y no seguir en la tentación
de la lujuria o apetitos carnales.

Todo fue agarrando su cauce
con mis flores y azucenas,
sin cometer un disparate
y sin colgarme en mi cuello las cadenas.

Hubiera sido un mar de penas
por falta de experiencia,
trancando los estudios de una de mis nenas.
¿Cómo quedaría con mi inteligencia?

Sé cómo se goza y se hace fiesta
sin causar ningún malestar,
comiendo el pegado de la caldereta
sabroso me pude levantar.

Viejos tiempos que no volverán
a mi jardín florido,
pero de mí se acordarán
cuando su compañero currucutee su nido.

# Tu mirada matadora

Aquella muchacha del vestido rojo
me pone nervioso con su mirada.
Con su hermoso caminar yo no me enojo,
el talle de su cuerpo, exuberantes caderas
me tienen tragado completamente.
Barranquillera, tú eres otro encanto de la naturaleza.
El día que te lleve a conocer las riveras,
verás a este guerrero galopando con brío.
Probaré el agua de tu manantial, morena,
dejando en tu cuerpo la fantasía de mi gran sembra-
dío.
Busco en tu mirada esa magia perfecta,
uniendo tus labios rojos junticos a los míos.
Que me suba el cielo a contar las estrellas,
dejando mi pincel escondido
en tus tierritas, ni doncella.
¿Cómo me acabó la mirada de mi morena
y su manjar exquisito para vivir?
Tus brazos y su mirada me condenan,

que en todo momento quiero repetir.
Esta flor hermosa me hace sentir
como aquel muchachito quinceañero.
Juro que sin ella me voy a morir,
porque el gustico del polvito es placentero.
Aquí  les escribe el poeta sus versos ligeros,
con la exquisitez de la rima en la poesía,
salen de mi mente como la lluvia del cielo;
con la sencillez de un poeta sin melancolía.

# Lo prohibido

Las sombras del erotismo
me dicen que la fruta prohibida
tiene la magia de las delicias.
Aquello que saboreé amaneciendo el día,
tenía la miel exquisita que uno beneficia.

Dejé en ese amor una verdadera primicia.
Tanta era la sensación en mi morena experta.
Entramos en plena faena, sin pedir audiencia
ni pincel remarcaba los bordes de su puerta.

Con toda la dulzura y calidez,
y su gemidos cambiaron a mi fruta prohibida.
En un volcán lanzado lava sobre mi cuerpo en des-
nudez,
dejando huellas que jamás se olvida.
Volvió nuevamente aquella vecina
para terminar la segunda parte de la faena
en su fruta prohibida.

Buceé plácidamente en su hermosa laguna,
buscando lindas piedrecitas en su fondo profundo.
Fue tan deliciosa en la dosis de su medicina,
que la llevaré en mi mente por todo el mundo.

# Noche sin estrellas

Sentado en la puerta de la casa buscando a las estre-
llas y luceros,
levanté mi mirada hacia el firmamento
y no encontré nada en el azul del cielo;
solamente las nubes que corría de un lugar a otro.

Me hicieron en grande ser mi pensamiento,
de una manera tan rápida y magistral.
Salían de mi mente ráfaga de versos,
para aquellos grupos literarios para mí especiales.

La noche se hizo noche oscura y singular,
como para que mi vista no pudiera mirar las estrellas
y luceros en uno de mis versos puede recordar,
aquella flor amarilla que floreció en el mes de enero.

Cuando mi pincel estaba pidiendo pistas soplan los
versos ligeros.
Aquí les dejo esta pequeña primicia

para aquellos aviadores que surcan el cielo.

Yo con mi profesión de jardinero
sigo gozando con el amor  de mis flores.
Le seguiré implorando al Padre Eterno,
que me dé fuerzas para seguir cultivando a mis gran-
des amores.

Disfrutando en todo momento del aroma y sus colo-
res,
buscando unas flores verdes o negras para completar
mi colección.
Tendré que bajar al fondo del mar para visitar a los
corales,
para llenar mi corazón de bendición.

Se despide el poeta chenguero muy lleno de emoción,
dándole gracias al Padre Eterno por mi gran virtud,
poetas como yo nacieron para darle a mi gente la sa-
tisfacción,
en el primer momento que me hagan la solicitud.

# Aquella flor iluminó mi camino

Veía oscuro mi camino,
en tropiezos me encontraba yo.
Y una flor iluminó el final de mi destino,
cómo la bendición de aquella estrella que Dios me
concedió.

Cuando mi amor por ella nació,
ella es mi musa, mi diosa coronada,
es mi bello monumento que luz a mi vida le dio,
desde Barranquilla te admiro, mi reina adorada.

En re mayor despierta al lucero de la madrugada
para darle vida a mi alma adormecida.
Dime si al verso le agarraste la tomada,
para hacer en mi jardín la flor consentida.

No soy doctor y sé en dónde está tu herida,
pero del amor soy como conocedor,
para recetarte aquella medicina prohibida,

tu sueño americano soy, mi doctora con amor.

Cuidado pierdes tu título con esta ilustra, pintor,
que busca el aroma y el sabor en aquella fruta prohi-
bida,
mi sueño americano me sabe a melao de condiamor,
a la luz de mis lindas melodías.

# Amores viajeros

Entre los jardines del pasado,
en alta mar conoció una bella flor.
Amores de antaños, añejado,
que al tocarla suena la canción con amor.

De aquel mar que a mi mente trajo
del pasado esplendor,
las miradas se nos cruzaron entre besos, abrazos y pa-
sión.

Fuertes eran los latidos que sentía mi corazón,
cómo recordar a su perfume natural.
Un escalofrío sentía cuando tocaba la te de mi flor,
cuerpo de diosa muy magistral.

De Puerto de la Cruz a Margarita todo fue causal,
desde lo lejos levanté mi mirada.
Era ella que a cinco puestos estaba sentada,
que al verme a mis brazos vino a parar.

No importaba el qué dirán,
pero su boca acaricié
y con fuerzas la pude sujetar,
para seguir la faena de pie.


A punta de piedra a las cuatro llegué,
con otros planes en mi pensamiento.
A la morena que navibus encuentre,
lleno de alegría el vaivén de mis versos.

# Deseos placenteros

Observando con prudencia
lo mejor de mi jardín,
vi a una frágil flor con inocencia
destilando su aroma de jazmín.

¿Cómo me puse a sufrir
haciéndome recordar a caballo viejo?
Son deseos, no puedo mentir,
pero es que el pasto viche  es el mejorar que yo quie-
ro.

Me hizo extenderme como el propio lucero,
tenerte en mis brazos no anhelo,
como las notas de aquel cancionero que entre más
tierna sea la flor, corre con fuerza el velero.

Ricos serán sus amores placenteros,
pastoviche para este semental
que quiere volarse el potrero,

y su postre saborear.


Yo iría a este hasta el fondo del mar
para complacer a mi rosa,
y todos los días despertar
sacando el néctar de mi mariposa.


En un encanto es maravillosa,
es ternura con celestial.
De las siete maravillas tú eres la más grandiosa,
cuando quitas con gusto todo mi mal.

# El sentir de una flor

No fue un encuentro casual,
lo digo con gran orgullo.
Si lo planeo no hubiera sido igual,
porque de tanto pensarlo se me hubiera aflojado un
tornillo.

Con solo pensar en mi linda flor, me llena de brillo
mi corazón y todo lo que llamamos cuerpo.
Me convierto en el hombre más sencillo,
pero tu belleza traiciona mis sentimientos.

Fluyen los diablitos de mi pensamiento,
porque mi musa en mis brazos se siente atada.
Corre mi lengua entre sus labios quitándole el aliento,
y el brío de mi potra terminó cansada en la cama.

Mis pensamientos siempre están en la jugada,
como aquel canario de lindo trinar,
que entre más violentas sea mi potra zaina,

en un solo pie, en la raya la pude parar.


Porque entre más ricas sea la miel de mi manjar,
más emocionante será la faena.
Otra sabina, dejad que mi jinete te enseñe a galopar
porque la pista está libre para el final de la carrera.


Tú eres mi linda llanera,
como sacada de un encanto sideral.
Quiero seguir galopando en tu robusta cordillera,
en donde acaba todo mi brío con el que puede empe-
zar.


Acarigua, tierra magistral,
donde el llanero sueña con un cuatro, arpa y maraca.
Felicitaciones, José Alvarado, exponente de su tierra
natal,
que canta más recio que la propia paraulata.

# Los malestares del alma


Con tanto brío que se levanta uno,

como si nada lo pudiera aguantar.

Y el tiempo prueba al gallo en su turno,

y su finura con prudencia puede demostrar.


Es como el río Magdalena, qué orgulloso al mar sus

aguas le pueden dejar, levantándose el mar haciendo

barrera,

de los dos puede ganar,

con su guerra placentera.


Boca de ceniza es desembocadura

del río más importante de Colombia.

Con sus tajamares que para el turismo es la locura,

visitar el malecón es sinónimo de victoria.

Lo recuerdo tanto porque allí conocí a mi hermosa

gloria,

de parranda por el malecón.

Sus travesuras quedaron escritas en mi memoria,

como la rima de un lindo verso cantando con inspira-
ción.
Linda poesía encontré en ese hermoso mujerón,
que me incitaba a conocer la flor del placer.
¿Cómo no iba a saborear el agua de su jarrón,
si la noche era prometedora para amanecer disfrutar
hasta él?

Todos mis escritos tienen algo de qué aprender,
por su sencillez y lo exquisito.
Con la rima mi pincel se deja ver,
escribiendo mis versos bonitos.

# El torero

Miren la faena de este torero
qué demuestra en todo momento su grandeza.
Tú brillas como el azul del cielo,
frente a un animal bravío con mucha delicadeza,
escribiendo las notas este poeta,
viendo al público en la plaza enardecido.
Si en tu mano llevas la muleta,
sacando casta frente al animal bravío.
Hoy tu público está contento contigo,
que te han premiado con un rabo y una oreja,
y en hombros de la plaza has salido,
gracias a tu gran valor frente a la fiera.

En una plaza internacional
pusiste en lo alto a nuestra patria colombiana,
sigue cosechando triunfos, mi querido profesional,
que eres todo un artista con la muleta que te engala-
na.

# Tensión, me quieres acabar

Cómo nos cambia la vida
en fracciones de segundos.
Es como el dolor en una gran herida
que nos dejaron los difuntos.

Ellos se van para el otro mundo
dejando pena y dolor.
Y es amor en el cual me hundo,
me tiene presente, madre de mi corazón.

Solo a ti te pido, Padre Amado, por mi hermosa flor,
qué te la llevaste para tu reino como regalo,
porque solo tú puedes tomar y llevar para tu jardín de
amor;
solamente para aquellos que se lo han ganado.

Yo te busco en mis momentos delicados
para que te apiades de mis necesidades.
Sabes que a su poeta chenguero lo tienes olvidado,

y ese no me importa porque no vivo de vanidades.

Mis escritos son partes de sus virtudes,
como forma placentera al universo.
Me sumo a las grandes multitudes,
que demuestran con valor el talento.

Hombre de buenos sentimientos
y las puertas me viven cerrando.
Deja que les caiga una lluvia infinita de versos,
para ponerlos a brincar en bendiciones como her-
mano.

Es larga mi batalla, mi gran soberano,
y ajustado estoy a sus normas y principios.
Siempre y cuando me lleve de la mano,
seguiré buscando el triunfo en este mundo infinito.

# Mil batallas

Mil batallas he sufrido y del suelo me levanté,
Dios siempre conmigo,
para seguir mi camino a pie.
El 02- 03 – de 1992 de la muerte me salvé,
cuando me dieron un tiro en el lado derecho de mis
costillas.
Dios conmigo, otra vez
me llevaron corriendo para el hospital de Barranquilla
y me pudieran salvar mi vida,
pero de esa horrible agonía me levanté.

Con mi fe me paré
para seguir el camino
y al hospital nuevamente regresé,
para que me abrieron mi barriga nuevamente, como a
un propio cochino.
Dios tenía un propósito conmigo,
como pilar fundamental de mi hogar
al ver tan pequeñitos a mis 4 hijos

que solo no los podía dejar.

Pidiéndole al padre eterno sin descansar
en mi hecho de muerte,
cuando llegaron de repente dos médicos al lugar
y de la mano agarrar diciéndome estas palabras:
Te venimos a preparar para que te salga de la corrien-
te.

Es el amor de Dios permanente,
Guerreando a mi lado en mis batallas,
dejándome vivía a mis capullitos y margaritas nacien-
tes,
para dar testimonio de sus grandes hazañas.

Líbrame de la muerte en la raya,
es algo que jamás voy a olvidar.
Parándome como gallo fino en la valla
y delante del mundo de rodilla glorificar.

Como usted no hay otro igual,
se lo dice el poeta chenguero.
Que en todo momento me pone a brillar
como su humilde poeta hacedor de versos ligeros.

Porque con el brillar del cielo

mi pensamiento se fortalece.
Como niños con juguete nuevos,
para seguir el camino que en su palabra prevalece.

Con Dios está la muerte,
porque con él nada me faltará.
Soy guerrero permanente
para vencer a satanás.

En los caminos de la vida
siempre haya los obstáculos eminentes,
que te fortalecen para curar tus heridas,
como aquel guerrero valiente.

# Tiempo de la cometa

Ya volverán los tiempos de la cometa,
cuando en mi puerta a los niños empiezan a volar.
Se levantan todas inquietas,
para adornar el aire en su hermoso afán.

Se llenan de niños la puerta
y las matas me quieren dañar.
Mi compañera se pone rabiosa
y yo le digo: Deja los muchachos jugar.

Son etapas de la vida que no volverán, cuando uno
pasa
del niño a ser adulto.
Ese niño que llevamos por dentro,
a esos viejos tiempos nos llevarán.

Cómo quisiera el tiempo de volver,
cuando emitía volaba cometa.
Buscábamos la playa para emprender

el vuelo de las morochas el barrillete, hasta más decir
perdíamos la cuenta.


Estos niños me hacen recordar mi infancia,
de aquello recuerdos que no volverán
Rosario de chengue y mis vivencias,
de mi mente jamás se borrarán.

# Encuentro con Gabriel García Márquez

Un 21 de abril me encontré con García Márquez,
en la puerta de su casa en Aracataca, Magdalena.
Hablando con este baluarte
de todas sus grandes novelas.

Paso la tarde entera
y yo escuchando esa hermosa narración,
la fama llega cuando uno menos le espera.
Como el cultivo de un jardín en purito cundiamor,
hábleme usted, señor poeta del amor.
Un premio Nobel en literatura,
novelas de ciencia ficción
en una Colombia de tantas dulzuras,
quien te enseñó la filosofía.

Mi amigo Gabriel García Márquez.

Háblame de aquella partida cuando te pusiste de la
tierra mía
y en otro país se escondía siendo tu verdadero baluar-
te.


Fuiste periodista en un periódico colombiano,
cuál ha sido lo mejor de tu arte.
Premio Nobel latinoamericano,
todos por siempre te recordamos
mi apreciado escritor.
Torrenciales son las lluvias de mis penas en verano,
porque no le dije a la gente de mi pueblo un televisor.
Pambelé, aquel boxeador,
apenas que ganó el título mundial
les mando a palenque electrificar.


Este premio Nobel no pudo hacer algo mejor.


El tiempo en le dio la razón de brillar como las estre-
llas,
porque un hombre inteligencia no tuvo valor
de hacer algo muy lindo por su tierra bella.


Una analfabeta fue el precursor
que llevaran la luz a Palenque, donde vivía mi donce-
lla

de billar.

# Amor eterno (Dios)

Te alabaré, te alabaré, te alabaré, mi Señor.
Tú eres bueno y bondadoso,
te mereces toda mi adoración.

Desde que hiciste la creación,
solo el hombre pensaste.
Quería llenarlo de amor,
del que no se da en todas partes.

Tú eres nuestro Salvador,
que por nosotros te sacrificaste.
Venciendo la muerte y el dolor,
a todos tus hijos perdonaste.

Quiero que me borres del libro de la muerte,
porque contigo voy a triunfar.
Yo de rodillas quiero pedirte,
que me brindes tus manos, porque contigo voy a ca-
minar.

Y tu palabra quiero llevar
a los confines del universo.
Enseña a tu hijo Gabriel Mesa a volar,
con la pureza del pensamiento.

Si tu palabra me da el conocimiento
para enseñar el amor en la tierra,
sígame dando salud, vida y talento,
para seguir sembrando las semillas sobre ella.

Con sus maravillas todo lo sella,
dame vocación espiritual y moral.
Quiero la paz sobre la tierra,
para los niños en especial.

Que no se hable más de las guerras,
porque a satanás lo vamos a derrotar.
Usted, mi Dios, brillarás sobre ella,
volando por el cielo y caminando sobre el mar.

Hoy el poeta chenguero se pudo inspirar,
para dedicarte esta composición.
Si usted me brindó el arte de cantar,
hoy con mucho gusto lo hago con devoción.

# Mi triste realidad

Lucha uno por formar un hogar
con flores y claveles,
para que la alegría se pueda desbordar con amor y fe-
licidad,
porque un mundo de laureles en ese entonces tenía
juventud,
para realizar cualquier trabajo.
Hoy que los años me pasan factura entre la multitud,
se acabaron aquello sueños anhelados.

Los hijos crecen, cada quién agarra su atajo,
formando sus propios hogares.
Y el esqueleto de aquel hombre viejo,
pierde la esencia de sus amores.

Con un cuerpo lleno de dolores
ni de la cama se quiere levantar,
porque aquellos sueños de vencedores
al corazón hicieron llorar.

Tanto que te jodiste y no se puede remediar,
porque tu ego de guerrero fuerte
el tiempo te lo pudo dilatar.
¿Qué más esperas de la vida? Realmente la muerte.

Quizás sea un viejo impertinente,
para la juventud es la cruda realidad.
En el juego de la vida es la suerte,
y en el campo la experiencia no vale nada.

Solo me toca esperar a mi vieja soledad,
ella es mi amiga perfecta,
qué secará mis lágrimas cuando tenga que llorar,
en mis cuatro paredes o debajo de un puente para no
pagar la renta.

Andariego y sinvergüenza,
que en el mundo compartiste.
nunca dejaste de cumplir una promesa,
porque la palabra en un hombre en todo momento la
cumpliste.

Hoy de la vida soy aquel verdadero chiste, sin rumbo
ni dirección
Formaste, abrigaste y cumpliste,

sin que te remuerda la conciencia ni la razón.

Morir con dignidad y valor,
de la mano del padre Termo,
para que se acabe el sueño de este soñador;
en sus manos, Padre Amado, tú eres mi dueño.

# Lejanía

Toda la vida se acaba,
nada se tarda en el mundo.
La juventud, la salud, el amor y la prosperidad,
no existe un corazón profundo.

Soy como la tarulla, aunque me arrastre la corriente
no me hundo.
Quise llevar la fortaleza del guayacán, que invierno,
primavera y verano es el mismo.
Con las tristezas y el dolor me confundo,
pero no me dejo derrotar por las profundidades del
abismo.

El tiempo nos muestra la realidad del camino.
Sobre las piedras nos detuvimos,
para ver con delicadeza la dulzura de mi abrigo.

Son las experiencias del tiempo vivido,
que nos traen aquellos recuerdos.

Después de ser hijo, ahora soy un padre complacido,
jugando con la idea de mi pensamiento.

Entregando lo mejor de mis versos
para el mundo en especial,
porque sobra en Colombia el talento,
exportar y cosechar.

Eso tiene que cambiar,
no tenemos que buscar en tierra nuestra futuro,
si las tierras de Colombia son aptas para cosechar,
de la mano el campesino el triunfo del seguro.

# Las sombras del erotismo

## El secreto de los orgasmos

A pesar de  ser un guerrero, de la mujer soy un
alumno.
Cuando se encuentran los jugueticos en ese campo
del amor,
trata uno de deshojar la flor
y con sus delicias me confundo.

Conocí a una mujer de mundo,
que con su mirada todo me lo pedía.
Con un beso ardiente esa princesa se movía, pidiendo
mi pincel
en su pozo profundo.

Nuestras lenguas se hicieron un solo nudo,
limpiando los clientes como si fuéramos cepillo den-
tal.
El sudor corría por los bordes de su pulpo,
hasta que el fusil y la metralleta empezaron a disparar,

nublándose nuestros ojos pero sin dejar de galopar.

Orgasmos que nos dan la sensación de cantar,
viendo ese valle con su pasto verdecito
y fresquecita el agua de su manantial,
para poner a mi pincel a colorear, por los bordes del
manantial bonito.

Es un placer muy exquisito.
Del amor en sus dimensiones
se empieza con unos besitos,
y después agarramos puntería con nuestros cañones.

Muertos  quedan los ladrones
por tanta sedimentación.
Lava ardiente que botan los volcanes,
cuando se juntan el placer y la pasión.

# ¿Qué tienen tus ojos?

Qué mirada tan matadora,
no me resisto a tus encantos.
Dígame que me hiciste, mi señora,
que te sueño hasta despierto.

Cuando me regalas tus besos,
solo pienso en revisar
ese valle tan frondoso
de pasto verde para abrigar
tanta pasión sin frenos para la mar,
deleitarse entre las olas de tu océano.
Qué sabroso es tu calamar,
sin espinas ni veneno.

Si así es la llama del infierno,
por ella viviré achicharrado.
La sarna no pica cuando es el remedio
de pecadores amargados.
Es mi suerte estar enamorado

en las puertas del infierno,
porque esa fruta me ha curado
con su manjar tan tierno.

89

# Qué naturaleza magistral

Gracias te doy, Padre Amado,

por tanta belleza a mi alrededor.

Mares inmensos, qué bello regalo

repleto de peces y otras clases de animales como el
tiburón.

Un firmamento llenito de estrellas y luceros.

Para el hombre, un punto de exploración

a donde ya quieren llevar gente al cielo.

Una naturaleza linda y majestuosa,

con árboles frutales según su clima y región.

Y un conjunto de hermosas rosas,

que se adueñaron de mi humilde corazón.

Hizo al hombre de variados tamaños y de diferentes
colores.

Un monumento divino llamado mujer,

son las dueñas de mi propio corazón.

# Eres incomparable

## Mi dios de amor

En mi corta edad, sobre la tierra
me he podido graduar con todos los honores.
Brillar por siempre como brilla su palabra,
como complemento de mi vida y de sus valores.

Que el poder eterno es de luces para conocedores,
porque en cada uno de mis escritos lo he podido de-
mostrar.
Brillen con humildad, señores escritores,
porque esta semilla abundará como la mujer para
amar.

Son infinitas nuestras luchas para lograr
un mundo con jardines floridos, mis amores,
con las guerras tanto externas como personales.
Solo significan sangre y sinsabores,
del Padre Eterno nos puede alejar por la falta de valo-
res.

Mi universidad es mi hogar,

mis títulos profesionales en la calle,

porque la vida es como aquel velero que lanzamos a
la mar,

entre tormentas sin  mirar detalles.

# Mi canto sonoro

Te llevaré hasta lo más profundo de tu ser,
mi canto sonoro como la medicina espiritual.
Con ella te enseñaré a comprender,
que tú para mí eres lo más especial.

Siempre me vas a buscar,
porque soy el fluido sanguíneo que corre por tus ve-
nas.
Eres la flor que en mi jardín no puedes faltar,
porque tu ausencia me condena.

Me quitas la seguridad, mi hermosa morena,
tatuada estás en mi mente y corazón.
Seguiré cantando para ti, mi linda princesa,
hasta envejecer contigo en mi jardín de amor.

Tú, princesa, supiste enjaularme en tus brazos con
pasión
y con tu mirada en todo momento desnudarme.

Sedienta de mis dulces caricias en pleno calor,

para irnos a la cima del cielo sin dejar de amarme.

94

# Te recuerdo, Virgen del Carmen

Te llevo en mi mente y en mi corazón.
A ti, mi querida Virgen del Carmen.
Hoy en tu homenaje te hago esta canción,
por tus lindas virtudes, salud puedes brindarme.

El poeta chenguero puede cantarle,
con toda la alegría que llevo en mi pecho.
No me olvides nunca, mi Virgen del Carmen,
porque eres la luz de todos mis versos.

Tuviste la virtud de cargar al divino maestro.
Hoy de rodillas clamo por mi patria colombiana,
porque en esta tierra se acabó el sentimiento
de ricos,  pobres y de los que llevan la sotana.

Llévale a mi Padre Eterno mi proclama,
como abogada de tus hijos queridos.
Queremos paz, amor, salud y bendiciones, que se de-
rramen

para la gloria infinita de todos tus hijos.

Gloria al Padre y a Jesucristo, su prodigio
que vino a la tierra para librarnos del pecado.
No fue en una fiesta sino en cruel delirio,
porque por nosotros fue crucificado.

# Un recital de versos

Muy contento sentado en una silla me encuentro,
viendo florecer la lluvia de versos y cantares.
Dios mío, cada día te doy las gracias por mi talento,
aunque sin dinero en el bolsillo, pero en el camino
ya hay comensales.

Los versos son como vendavales
en mi mente complaciente.
Crecen ríos y también se acaban las crecientes,
como la flor en plenitud en épocas primaverales.

Escribo versos, poemas y vallenatos para recitales,
en un mundo de jóvenes y viejos enamorados.
Porque el amor es la vertiente que enviéis los jardines
florales,
con un Padre bondadoso que todo lo puso en nues-
tros manos.

Con el verso en el mundo alegramos,

hace grandes pensadores
y los problemas de raíz lo sacamos,
cambiado la tristeza por un mundo de laureles.

Con el verso veremos las mieles
de las luchas por conocer el amor.
Y mirar lo que a tu gente le conviene
para borrar del rostro el verdadero dolor.

# Lo que tú siembras recoges

Si yo siembro tormentas, tempestades recogeré.

Si cultivo amor, bendiciones de la buena me acompañarán.

Incúlcale a tus hijos los bueno modales para que ellos le enseñen a sus hijos también,

y veremos juventudes con ideales

para cambiar la historia de las sociedades

que abarcan el capitalismo.

Hijos sin educación, con necesidades,

siempre los tendremos colgando de la boca del abismo.


Solo el rico educa hijos con bombos y platillos

y el pobre recibe los tiros de la leyes sin distingo.

La educación en la mejora herencia que un padre puede darle a sus hijos en condiciones de igualdad.

Dios jamás le dijo a uno de estos tuyo y el resto de los demás,

pero nos humillan  y nos castigan como si no valoramos.

Dejen que nuestros hijos rocío en la educación de calidad.

La familia, la patria, la sociedad, tendrán las luces del futuro.

Las riquezas del suelo patrio no son de nuestros gobernantes, pertenecen al pueblo prohibido.

Qué política tan imperante,

acabando con el futuro de nuestros hijos y  nietos.

# La cura

Oye, mi linda morenita,

por ti es que yo estoy sufriendo.

Tú tienes el alimento que mi alma necesita,

por tenerte tan cerquita.

Es que de tu amor yo me contagio,

dámelo todo, morenita y tendrás a un hombre con-

tento.

Esa cura que tú tienes

sé que me la vas a dar

y me vas a venir a curar.


Porque a ti te conviene,

yo seré el hombre dichoso

si tú me brindas tu amor.

Tú tienes la medicina

que curará mi dolor,

porque ningún especialista a mí me podría curar.

Solo sé tú mi linda morenita,

podrías curar mi mal.

Ay por Dios, te lo ruego,

que te apiades de mi

y me des lo que te pido, y verás a un hombre feliz.

102

# Mi bonita profesión

De mi padre me siento orgulloso,
por la profesión que me brindó.
Con el verso me siento ganancioso,
porque esta carrera no la estudié yo.

Son virtudes que el padre me enseñó,
para complacer a toda mi gente.
Este poeta con el amor se engrandeció,
orgullo de mi tierra, Rosario de Chengue.

Escribo poesías, versos y merengues,
sin ganarme un centavo de esta profesión.
Quiero cumplir un sueño, tal como me conviene,
dejando editado mis tres fuentes de inspiración.

Sería mi primer libro de una buena edición,
para demostrar al mundo mi repertorio.
Se estudian carreras, para mí esta es la mejor,
para estar sentado detrás de un escritorio.

Yo vivo en este mundo sin creer en cuentos de velo-
rios,
porque mi padre eterno me enseñó a ver la realidad.
Yo iré galón junto con los cocolios,
en una construcción en el centro de la ciudad.

La vida me ha enseñado a perder y a ganar,
y cada día que vivo para mí es ganancia,
porque de los 50 pude pasar,
faltándome para llegar a los 70 en abundancia.

Dios trajo a mi vida una linda inteligencia,
y en todo momento la estoy demostrando.
Guerreando por el mundo con amor y vivencias,
enamorado de la vida seguiré cantando.

# Aquella flor de mis encantos

Cuando te vi por primera vez
me dije ya conocí el amor,
solo con el sentir de tu piel
mi mundo era una verdadera canción.

Nació allí contigo mi musa de inspiración,
me sentía único hombre afortunado.
Este poeta con su musa linda, mi flor,
sin dejar de pensar en mi morena que mi amor me
había robado.
La pintaba a mi lado brillando más que las estrellas,
me sentía como aquel corderito enamorado.
Un amor jamás visto sobre la faz de la tierra,
embelesado del amor tragado.

¿Cómo no me voy a enamorar de ella
si es mi caramelito perfecto?
Una lluvia de sentimientos
envueltos en lujuria de amor y placer.

# Una fe infinita

Soy guerrero, mi señor,
como tú siempre me has querido.
Siempre seré un pecador
en este mundo perdido.
Levanto la mirada para hablar contigo
y decirle que ya estoy cansado.
Sobre de mi cruz se mantiene el castigo,
que no me deja levantar y olvidar mi pasado.
Mi único pecado es ser picaflor y enamorado,
porque es hermoso momento, yo siempre lo bendigo.

Dicen que con el correr del tiempo llega el olvido.
Tú, mi señor, me vas a restaurar,
con mi fe infinita te lo digo,
para que mi vida aquí en la tierra pueda cambiar.
Jamás te dejaré de alabar,
porque tú eres el camino, la verdad y la vida.
Antes que me mandes a buscar,

cura mi alma sentida, porque tu palabra es conoci-
miento de vida eterna,
mi Señor Salvador de las almas perdidas.


Mi lucha por la vida será seguida para mis nietos, ver
levantar sembré en tierra fértil a la deriva.
Donde mis frutos se pueden materializar,
quiero ver que sus raíces se puedan agarrar
en los caminos de tu palabra
y con orgullo te pueden alabar,
cumpliendo los mandamientos de tu obra.
Un sentimiento que fuerza cobra,
como las estrellas que desde la distancia a la tierra
puede alumbrar.

# Juventud florida

Qué mundo tan incomprensible,
con las cosas que vivimos aquí en la tierra.
Cuando somos niños tiernos y apacibles,
queremos brillar como las estrellas.

No tenemos alas y queremos volar,
pero el tiempo corre como los días del calendario.
Son tan grandes las sorpresas para batallar,
porque la lucha se nos presenta en cualquier escena-
rio.

Se empieza una tarea en los estudios primarios,
de lunes a viernes por cinco años.
Viene el bachillerato y luego los estudios universita-
rios,
después trabajar sobre la especialidad,
veinte años aguantar para recibir una pensión,
que en el camino no se nos presente ninguna enfer-
medad

que perturbe una buena decisión.

Cuarenta y ocho horas de trabajo es lo que manda
nuestra Constitución,

mi patria querida, sin relajo.

Es un paraíso placentero muy diferente a otra nación,

donde el futuro se fue para el carajo.

# Jesús misericordioso, en vos confío.

## Arely quintero, ¿por qué te llevaste un pedazo de mi vida?

Me miré al espejo muy lleno de alegría,
porque ya había conseguido el amor de mi morenita.
Ella era la prenda más importante en mi vida,
cuándo su ternura me la brindaba con su boquita.

Era hermosa mi linda margarita,
el orgullo de este poeta chenguero.
Jardinero de rosas exquisitas,
para adornar el invernadero,
más tragado que wayuco en fundillo de indio zalamero.
El tiempo de fiestas patronales,
porque mi morena me llevaba el cielo,
cuando la faena se motivaba con los recitales.

Se fue mi amor para el barrio los cardonales,

sin decirme ni siquiera un hasta luego.
¿Cómo hago con este corazón para perdonarte
si te burlaste del amor de un hombre sincero?

Por eso le digo a mi corazón que no se enamore de
nuevo,
porque lo van a poner a sufrir otro dolor.
Ya no me vuelvo a mirar otra vez en el espejo,
si mi único pecado fue amarte sin condición.

# Día del escritor

Vuelan mis versos alrededor del mundo,
sin esas lindas alas para volar.
Sacando de mi pecho todo ese amor profundo,
en cada momento que me toque improvisar.

Magia al escribir y relatar,
todo lo que brota de mi pensamiento.
Musas que no me dejan a mí cantar,
para volar lo más lejos con mis versos.

Escribo para sacar de mi pecho el resentimiento,
las amarguras, tristezas y alegrías.
Escritores que no han llorado con sus versos,
será que jamás han conocido la melancolía.

La celebración del escritor brilla todos los días
como fuente natural.
Poetisa, poetas y escritores que cultivan el amor con
melodías,

sigamos por el camino que nuestro amanecer tiene
que brillar.

Laureles vamos a encontrar
al final de nuestro camino,
con la dicha de poder improvisar
juntos con las flores blancas, negras, morenas
como amuleto en nuestro destino.

# Lo que se puede compartir

Con ganas de verte, mujer,
compartiendo tus deseos.
Yo sé que en este paseo
disfrutaremos del placer,
porque lo sabemos hacer
y con orgullo te lo digo;
porque los dos nacimos
para llenarnos de gozo.
Debajo de aquel árbol frondoso
recibiremos el mejor cariño.

El primer día que estuvimos debajo del árbol de ta-
marindo,
conocí el significado del verdadero amor.
Y cuando en el placer nos fundimos,
saboreé el néctar de mi hermosa flor.
Fueron momentos de lujuria y sudor
debajo de aquel árbol de tamarindo,
solo se escuchaba el canto del ruiseñor,

pero lo más hermoso era el roce de tu frágil, bien que
con gusto sentimos. Vi muy contento a mi lindo pincel
sin causarte dolor.

Yo nunca estudié para doctor,

pero en ella probé mi formulita,

aquellas gotas de sudor

en mi pecho se sintieron muy exquisitas.

Miren qué cosa tan bonita

lo que despierta la pasión.

Está hermosa mi flor de margarita,

que puso a correr a millón a mi corazón.

Fueron bien preparadas mis gotitas,

para escribir en su cuerpo un mundo de canción,

cuando se movía de arriba abajo.

# Para qué recordar el pasado

El pasado es como aquel jardín
en el cual tú sembraste aquella flor,
de aroma magistral de purito jazmín,
pero el tiempo marcó su pauta con su desamor.

Inculcando en tu pecho a qué inmenso dolor,
muy linda y tierna mujer placentera.
Conociste en el camino otro amor
y te fuiste a la mar, mi gaviota voladora.

El tiempo curó mi herida matadora,
mis alas quedaron sin movimientos.
Pasaron los días, los meses, los años, mi linda señora;
pero ya curé en mi pecho el resentimiento.

Vuelo lejos de mí aprendiendo la amargura de un be-
so,
tu belleza va desapareciendo como la flor en un jar-
dín.

El pasado es pasado, ya no me preocupo por eso,
porque volvieron frescos aromas a este pecho por fin.
Corto más que una sierra sin fin,
ya no vivo del pasado,
porque tú medicina la encontré en otro botiquín
y siento que el presente me ha enamorado.

¿Para qué morir por amor
si a la vuelta de la esquina
están que se venden tres por cinco centavos?
Solo en el momento es un guayabo
que lo puede curar la vecina.

# ¿Qué son amores de antaño?

Cuando una persona de cincuenta para arriba
se enamora, crea con firmeza en ese amor,
se entrega en cuerpo y alma sin ser posesiva,
que es el verdadero torbellino en erupción.
Me fui para el campo a cultivar con un radiante sol,
las flores más hermosas que jamás había conocido,
entre ellas una canela 60, 90, 60; qué linda señora
de ojos azabache clavados sobre los míos.
¿Será que ella es mi calmante, mi tierna doctora?
Hablamos largo tiempo sin quitarnos las miradas
y de la manos nos agarramos,
besando su boca acaramelada
hasta llegar al pantano.
Como chicle nos pegamos
sin pensar en el qué dirán,
fuego puro reflejamos
como niños con ansiedad.
El sol empezó a calentar,
nuestros cuerpos ardían por el deseo

y de nuevo empapamos la faena.
El roce, el cosquilleo,
puso a gritar a la guayacana.
Una flor me sacó tantas canas
en una noche tan especial,
una maestra en la cama
me enseñó un lindo recital.

Gallina vieja da un caldo para saborear,
muy exquisita.
El que prueba caldo de gallina vieja no se puede olvi-
dar,
porque ellas tienen su formulita.

# Bonita juventud

Mi juventud florida
se fue para no volver, escribiendo
historias en mi vida
de todo lo que en ella pudo florecer.

¿Por qué tenemos que envejecer
si la juventud es bella y preciada?
Se disfruta con una mujer,
la prenda más delicada.

Atardeceres en la ensenada,
donde disfruta con alegría mi juventud.
Páginas que volaron en una madrugada,
para dejar en mi cuerpo esa inquietud.

Si se pudiera ser de nuevo la solicitud
y volvamos a aquellos tiempos de ayer,
donde el canario canta con gran virtud,
sin ayuda para resolver.

Cada etapa de la vida nos enseña a comprender
los procesos que vivimos,
cuando la faena es buena se puede amanecer
disfrutando de todo el amor que sentimos.

Flores lindas en mi camino,
perfumes de hermosas mujeres
que sea adueñaron de mi destino,
con la dicha del amor y sus placeres.

Hoy el tiempo es historia y decires.
¿Por qué se llevó mi linda juventud?
¿Por qué la fruta se madura y me pide
que me la coma sin tanta inquietud?

# Los ojos del alma

Tú me pediste que te hablara de ti,
yo te miré con los ojos del alma
y en mi corazón solo vi mi sufrir,
viendo que no merece que mis ojos por ti boten una
lágrima.

Vivías engañada con tu juventud soberana,
siendo tu esclavo de tus caprichos de amor.
Pero a tu belleza le sonaron las campanas,
cobrando tus arrogancias con penas y dolor.

El tiempo me enseñó a ver la belleza de una flor
vestida de humildad, sencillez y ternura.
Aquellas presumiendo su arrogancia y honor,
no llegan a los pies de mi flor del campo con dulzu-
ras.

Aroma de con de amor siempre segura,
no conoces la impertinencia ni lujos bonitos.

Ella es mi morena de alma pura,
la dueña de mi jardín, de los perfumes exquisitos.

La llave de compra al almacén de calzado y vestido,
buscando que mi morena se vea más hermosa,
cuando el amor penetra en los sentidos
la dicha es completa.

Se lo dices este escritor y poeta,
que nació en una familia humilde.
Hoy de padre tengo mi recompensa,
de sembrar la semilla que prosperidad vive.

# ¿Por qué tener miedo?

El miedo es algo inevitable,
que se desarrolla en la mente humana.
Cuando las noches son oscuras invernales,
el miedo nos hace sudar hasta la morrana.

Por miedo se mea uno en la cama,
pensando en cosas infernales.
Las brujas volando en sus escobas
o convirtiéndose en animales.

Pueblos de leyendas sobrenaturales,
dónde los hombres miedosos a la calle no salían.
Yo recuerdo esos momentos en la tierra mía,
cuando visitaba a la novia y después regresarme.

Las calles oscuras llenas de terror,
por tantos cuentos sucedido en mi tierra.
Allí me amarraba muy bien el pantalón,

buscando a mi creador para que me diera volar para
luchar por ella.

Yo luchaba por mi estrella
y al miedo tenía que vencer.
Si en la calle veía una burra negra,
me daban ganas de correr.

La civilización hacía un nuevo amanecer,
llevando la luz eléctrica a mi pueblo querido.
Las brujas que nos maltrataban se dejaron de ver,
porque lo malo en la claridad pierde sus cinco senti-
dos.

Aquellos cuentos quedaron en el olvido
gracias a la civilización.
Yo salí de mi pueblo siendo un niño,
buscando en mi Barranquilla la educación.

# La vida es así

la vida es una caja de sorpresas,
una lucha constante para conseguir la felicidad.
Se lo está diciendo el poeta chenguero, Gabir Meza,
que para ser feliz nos tenemos que sacrificar.

Hay ratos de tristezas y otros de alegría.
¿Para qué nos vamos a poner a llorar
si estas son las cosas de la vida mía?
Que soy un esclavo de tanto luchar.

Unos nacen en cunas con barrotes de oro
y otros nacemos en unos chinchorros.
Los pobres en el cielo tenemos tesoros,
cómo recompensa por las lágrimas y el encierro.

Vivimos felices sin testaferros,
la vida es hermosa aprendiendo a vivirla.
Tenemos libertad sin andar en un imperio,
solo le rindo cuentas al que nos curó nuestras heridas.

Andando por el mundo conservando mi vida,
sin importar lo que me dedica la gente.
El tiempo se encarga de curar y borrar cicatrices en
las almas queridas,
con un Dios soberano  e inteligente.


En invierno y primavera se crecen las vertientes,
para llevar la alegría a los pastizales.
Se reverdecen los árboles de la manera e inminente,
con las aguas corriendo por los terrenos y corrales.

# El amor

No me creo un conquistador
ni un actor de telenovela,
pero cuando hablo del amor
las palabras me salen solas.
Miro el aire y el brillar de la aurora
y así voy tejiendo la belleza del astro sol.
Un maestro en su perfección no maltrata a la doctora,
si ella es la esencia del purito amor.
De mis males sanadora,
en la tierra no existen seres para la perfección.

Si vive con toda la razón,
en nuestro cuerpo el corazón es el que manda.
Nos llevamos de la tierra la mayor satisfacción,
de haber conocido todas que se nos clavaron en
nuestras entrañas,
se tejen  los sentimientos como el telar de las arañas.

Buscando ese amor ideal,

pero el tiempo nos muestra lo contrario de nuestras
hazañas,
dejando un corazón herido sin querer volver a amar.

La mente el corazón regaña,

por volverse a equivocar.

Dejemos de pensar mal,

todo tiene solución.

Una flor que puede lastimar,

pero otra rosa viene y cura tu corazón,

con ternura y satisfacción

el amor vamos estudiando,

acariciando hasta morir por amor.

Vamos, poetas, por el camino del pudor,

escribiendo mis lindas letras,

para aquellos agricultores que siembran con orgullo
una flor.


Hay que regalarlas con agua o sangre de nuestro pro-
pio corazón,

que el verano no la maltrate,

porque en el amor no existe color

ni heridas  que lo maten.

Yo siempre busco el rescate,

cuando me siento maltratado

y la flor que a mí me acabe,

es con aquellas medicina para tenerme tragado,

porque cuando uno está enamorado
disfruta de la dulzura del casabe.

# El vuelo de un poeta

Con mi sencillez que me caracteriza,
recalco en mis poemas el legado.
No dejemos morir las semillas con primicias,
porque el amor de nuestra sangre,
como la fuerza de un río acaudalado.

El mundo de nosotros está esperando
ver la poesía en la juventud florecer.
Ricos y pobres están aprendiendo,
que la poesía es la energía, en el mundo la mujer.
Como todos podemos entender,
que ella en la tierra es el punto de atracción, es aquella
que nos cumple con su deber,
para poner el mundo en continua revolución.
Hacen feria con la alegría de un humilde corazón,
trayendo nuestros descendientes como fruto del eli-
xir,
que vivan las mujeres que nos ponen a vibrar con ra-
zón,

cuando nos da la razón de miel para el desquite.
Ellas son lo más hermoso del amor,
para la construcción de un mundo donde todos se
modifique.


Sumemos, restemos, multipliquemos y dividamos;
ellas son la bendición
que ilumina nuestros hogares.
Un jardín sin ninguna vegetación,
se pierde la magia de los jardines florales.
Poetas, poetisas y pintores de murales, nuestra profe-
sión,
son muy lindas mis flores naturales
y en mi vida la alegría de mi corazón,
con ellas soy como el chupaflor
con la miel de sus panales.

# La semilla que sembré

No me equivoqué con mi profesión,
de mi arte me siento orgulloso.
Ver una flor que salió de mi jardín con amor,
y todas mis virtudes se las debo al glorioso.

Amores que nacen de una matica en un pozo,
de una linda faena en mi jardín.
Con todo el amor de mis flores yo gozo,
con su fragancia del purito jazmín.
Mis cultivos de mis hermosas flores no tienen fin,
porque son mi deleite al paladar.
No es un sueño volver a la vida y vivir,
cuando sumiera se puede degustar.

# La muerte

La muerte es el paso transitorio,
ritual a lo material. Solamente es el alquiler de un
cuerpo
por un periodo conceptual.

La filosofía nos puede enseñar
los procesos del ser viviente.
La vida solo Dios no las puede quitar
de una manera inteligente.

Matar es una profesión vigente,
cuando le ponen precio a nuestro existir.
Mandar para el carajo de moda permanente,
sin importar que otro tenga que sufrir.

La muerte es nuestra vecina constante,
no te pregunta si te quieres ir.
Solo viene y te pone el gancho o guantes,
sin que te puedas resistir.

Cambiamos de lugar hasta que otro nos pueda vestir.
¿Qué es la muerte para el mundo en general?
Es un cambio de vida de material a espiritual,
sin lujos ni arrogancia para vivir.


Yo gozo mi vida hasta que mi cuerpo pueda resistir,
porque no sé cuándo me van a hacer la visita.
Cuando me visiten, abrazados nos vamos a ir
para conocer mi nueva casita.
Materialmente se llama cementerio,
donde solitos nos van a dejar.
En esa fosa solamente entierran nuestro cuerpo,
porque del cuerpo el alma puede volar.


Si uno el alma la pudiera amarrar,
no se pensaría en vivir solito.
Tantas personas lo van a acompañar,
pero después no hay quien te brinde un traguito.

# Lindo amanecer

Es de madrugada y están volando las aves del campo,
están anunciando que va a amanecer.
Yo mirando fijamente tu retrato,
pidiéndole a Dios que me devuelva a mi mujer.

Te llevaste mi alma y todo mi querer
desde que te fuiste de mi lado.
Dime qué te hace que no quieres volver,
dale vida a este corazón desconsolado.

Mi corazón quedó  lastimado
desde que tú de mi vida te fuiste.
En todos los caminos te he buscado,
ven a curar mi alma porque eso no es un chiste.

A Barranquilla llegaron unos gitanos,
que hablaban del pasado y también de la suerte.
De la mano me llevó mi primo hermano,
porque yo solo pensaba en la muerte.

Quedó tan asombrado y mudo de repente,
uno de los gitanos cuando me vio.
A este infeliz del infierno lo saco yo,
porque le quedan pocos días para que se lo lleve la
muerte.

Son las cosas de la vida y su suerte,
cuando la mujer está por la maldad.
Amarrando el alma de un ser inocente,
lo entrego sin remordimiento y falsedad.

# La amistad

Una amistad es algo sagrado
que proporciona lealtad,
en el trabajo, la casa y en la universidad.

A todos los que nos dedicamos a escribir
y a la juventud mostrar,
que con una buena amistad se puede percibir.
Que en las grandes necesidades la lealtad se puede
brindar,
diferencias de aquellos amigos que solo se ven en
fiestas y parrandear.

Hoy se conmemora la amistad mundial,
para mostrar que un amigo es un hermano,
sin lucros tiene que ser especial,
con lealtad ante los ojos del soberano.
Que viva la amistad mundial
como ejemplo de grandeza,
donde todos podamos gozar

de una mano amiga, en las malas, con firmeza.

Se los dice Gabir Antonio Meza,

el poeta chenguero que la lealtad lo hace brillar.

139

# La fruta prohibida

Miren lo que dice la sagrada escritura
de los pecados de Eva y Adán:
Quien no pegaría con tanta dulzura
con los movimientos que vienen y van,
solitos en el paraíso se encontraban,
ahí se encontraban Eva y Adán.
Y al verse los jugueticos
se pusieron a jugar.
Al sentirle el gustico
no dejaron de saborear y el pecado se hizo mundial,
con el disfrute de los jugueticos.

A los seguidores de mi folclor,
yo les estoy dando este consejito.
Porque por ahí anda una enfermedad mundial,
que está acabando con la alegría del juguetico.
Y si el juguetico se nos llega a enfermar,
no podemos seguir disfrutando
de las delicias de ese manjar.

allí la alegría se nos va acabando.

Estas ideas por mi mente están rondando,
si algún día me llegara a pasar,
ya mi formulita estoy inventando,
para que mis juguetitos nunca dejen de jugar.

Si por este pecado me tienen que colgar,
o sentarme en la silla eléctrica,
flores en mi jardín siempre florecerán,
para que mi dicha sea más perfecta.

# Amor de novelas

Este amor tan bonito
creció como el caudal del río.
Te vi crecer en mi jardincito
con elegante sombrío.

Porque esa flor de aromas exquisitos
tiene que ser reconocido.
Sufrí por ella y sus ojos negritos,
cuando se unían con los míos.

En cada beso vivido
se despertaban tormentas.
Eran torrentes las aguas al río,
para descansar en tu manantial de agua fresca.
En ese hermoso lugar mi alma se alimenta,
como en un evento repleto de flores.
Porque el amor es la verdad y la fuerza,
para vivir la felicidad con todos mis amores.
Tanto cultivar para recoger sin sabores,

en mi jardín florido y mi hermosa rosa angelical.
Se fue aburriendo la de los ojos negros,
y de todo lo vivido se pudo olvidar.

El amor es como el inmenso mar,
que a veces se siente paz y tranquilidad.
Pero cuando sopla la brisa, las tormentas nos hacen
llorar.

Trata de perfeccionar la felicidad,
ella no es eterna en esta vida.
Es lo único que nos podemos llevar,
y los malos recuerdos de nuestros heridas.

# Peregrino como el verso

Soy la esencia del verso que vuela por los aires del
continente,
dejando en mi camino una estela
de hermosas mujeres complacientes.

Es el verso un medio de comunicación importante,
para entrar en los estigmas de una flor.
El saber poético se nos hace eminente,
para llegar a lo más profundo del corazón.

Guerrero con muchísimo valor
dejando en alto su consigna.
La ciencia me enseñó a ser agricultor,
para mantener a mis flores muy divinas.

Porque cada vez que subo a la tarima
me adornan mis lindas rosas,
con castas de flores finas,
de mastranto, jazmín, clavelinas y la primorosa.

De Colombia para Uruguay, México, Argentina, Perú,
Ecuador y tierras  inglesas han llegado mis versos.
Con bendiciones con alegría en sus memorias frescas,
como aquel mundo de canciones.


Porque bien amarrados están mis pantalones,
para seguir exponiendo mis poesías.
No importa que caigan nubarrones
por el mundo y en la tierra mía.

# Lo que me proporciona mi mente

Lo que sé y tengo se lo debo a Dios,
tarde pero ahí están mis esfuerzos.
Diez diplomas con mis poesías me concedieron
con virtudes, gracias, Padre eterno.

Participando en varios eventos,
buscando el primer lugar
y muchos triunfos cosechar.

Con la habilidad de mi pluma y mi pensamiento,
todo esto es parte de mi rendimiento,
que en la historia escritos van a quedar.
Dar lo mejor de mi talento,
con mis versos, vallenatos y poesías para triunfar.

Un lindo libro que en una mañana pueda editar
como ejemplo de superación.
Vamos, poetas, con alegría a sembrar,

la semilla literaria en un jardín florido con admira-
ción.

Soplan vientos de triunfos en todita mi región,
porque el poeta chenguero participando en Quilanga,
Ecuador,

con la musa del campo,
pueda traerse el premio del mejor escritor;
sería un paso gigante de vencedor.


Como patrimonio cultural de la flor más pura, quila-
po,
dónde se enardece con esplendor la poesía.

# Lo que el destino me brinda

Somos labradores de nuestro destino,
como guerreros incasables de la vida.
Forjando nuestra lucha en cada obstáculo del camino,
curamos con amor nuestras heridas.

Nacemos sin nada en el cuerpo como principio de
vida
y son muchísimas las bendiciones del padre eterno.
Cuando, a pesar de tus pecados, derramó su sangre
pensando en ti, linda criatura,
para que reinaras su reino.

Solo un Dios puro y verdadero,
hacedor de hombres sabios,
les pinto el azul del cielo
y un mundo con todo lo necesario.

Un paraíso maravilloso no imaginario,
porque hacemos de lo bueno lo imperfecto.

Destruyendo la naturaleza y el trinar de los canarios,
y por el suelo la sabiduría y los pensamientos.


Hacedores del conocimiento,
de tierras libres para el amor.
Qué lindo es respirar el aire fresco,
sin los gases letales que acaban con nuestro pulmón.


Como no doblamos rodillas para pedir perdón
y el mundo cada minuto de la vida va en continua
destrucción.
Las almas sin horizontes se perfilan hacia el mismo
abismo,
de la tristeza y desconsolación.


Es más fácil escuchar una canción,
que  a muchos hogares en plena oración,
ve a mi padre al hombre con tristeza infinita al pare-
dón,
porque solamente nos labramos miserias y destruc-
ción.

# Mi humilde capacidad

Voy a probar con modestia
mi humilde capacidad,
para ver si mi pensamiento se presta
a exteriorizar el verso sin ansiedad.

Dios me ha dado el don de improvisar,
para mantener contenta a mi gente,
porque una memoria lúcida puede demostrar,
que el verso sale con fluidez de mi mente.

Jamás he querido ser impertinente
con mis colegas escritores y poetas.
Espero esa lluvia que nos cae del cielo, no suerte,
porque la obra del padre eterno es perfecta.

Soy el verso en purita esencia,
para satisfacer a mis seguidores.
No uso un lenguaje de violencia,

porque quiero ser un ejemplo de toditos los escrito-
res.


De aquellos conocedores del verdadera amor,
del verdadero amor en la poesía.
Soy escritor y cultivador de flores,
en los jardines de mis alegrías.


Busco la rima en mis poesías sentidas,
para dejar una huella fresca en el amor.
Mi pecho no sufre de melancolía,
a pesar de haber sufrido mucho dolor.


En aquellos jardines floridos
podían divisar a este picaflor,
porque enfermo de amor siempre busco un nido,
para encontrar la medicina para mi corazón.

# La flor de mi despertar

La vida es una caja de sorpresas,
de caminos de espinas para avanzar.
Unos quedamos marcados con letras
y otros que necesitan de una mano amiga para poder-
se levantar.

Desde muy niño empecé a guerrear,
para lograr un cuarto año de bachillerato.
A mi familia jamás le puedo importar,
si llegará a ser un profesional sería un verraco.

Barranquilla me abrió el escenario
para labrar mi propio destino,
tratando de aprender lo necesario
como guerrero del camino.

Un sueño jamás vivido
en una ciudad industrial,
hoy les doy gracias al Padre Eterno siempre conmigo,

para que el capitalismo salvaje no me pudiera destro-
zar.

El servicio de aprendizaje nacional
me dio la oportunidad de aprender una carrera,
como técnico medio en electricidad residencial,
y al terminar me fui para Venezuela.

Allí empezó mi escuela para mostrar lo que acá
aprendí,
y con mis letras literarias, la poesía marcó mi vida.
Se convirtió en una obsesión para mí
y un cliente más para curar mis heridas.

Desde muy joven fueron sentidas,
por las angustias de la soledad.
Lejos de toda la familia mía,
quise levantarme frente a los muros de la sociedad.

Mi mente se recrea con la poesía sin ansiedad,
porque mis musas me lo permiten,
gozando del amor sin protestar,
sigo con las delicias de mi confite.

# Un amor inolvidable, mi madre

Madre linda yo te pido
que no pienses mal de mí,
porque lo que yo no hago
es dejar de pensar en ti.

Con angustia  te vi partir
para ese viaje sin regreso.
Cómo me dolió todo esto a mí,
Sin poder hacer nada me resigné como aquel niño de
pecho.

Hoy tus restos descansan en un panteón,
al lado de tu esposo querido,
que te brindó 17 hijos con muchísima razón,
en un valle de amor permitido.

De todos ellos 7 estamos vivos,
alejados como las olas del mar,
con pensamientos tristes y negativos,

porque no sembraron en tierras fértiles para poder
cosechar.


Mis padres, buenos trabajadores del campo y mi ma-
dre en el hogar,
y yo con mis versos voy forjando,
la fe de un Cristo vivo que me ha dado su mano, para
volverme a levantar
como todo un buen cristiano.


Pido al poder infinito de Dios por todos mis herma-
nos,
para que sus fuerzas no los dejen flaquear
y luchen por su sustento diario,
hasta que el dador de la vida nos quiera llamar.


Padres míos, con Dios siempre estarán,
con resignación acepto su despedida.
Junto a ustedes algún día me verán,
despidiéndome de toda mi gente querida.


Son las leyes de la vida
en una tierra que debimos adorar.
Con todas mis flores sentidas,
orgulloso me iría de tanto amar.

# El despertar del amor


Cada piedra que en otra pieza,
cada flor que tú deshojas
es la esencia de transformar la tierra.

Embelleciendo a la mujer como la aurora,
es que su figura seductora
despiertan un mundo de sentimientos.
El color conmigo no importa, señora,
Solo su dulzura y nobleza de sus besos,
para meterme de cabeza en su bañera,
viéndome nadar como un pez, en lo más profundo de
tus pensamientos.

Renace el amor como todos mis versos,
entre lluvias de flores, delicioso manjar.
Vuelan por el mundo diferentes dialectos,
pero de donde vengan es igual el calamar.
No puedo vivir sin la sal del mar,
si un caviar de pescado fresco.

Ricas mis flores con miles al azar,
la belleza del mundo, un gran monumento,
nos endulzan la vida con su caminar
y su pureza divina de un amor perfecto.
Miro el pecado y de este no me arrepiento,
porque si de nuevo me lo ponen vuelvo a pecar.
Allí está la vida y lo mejor de mis versos,
con tantas delicias, ¿cómo voy a dejar de cantar?
La ciencia trata de perfeccionar
a la mujer perfecta en el mundo,
la belleza se la puede adicionar,
pero la humildad en el amor profundo
solamente el Padre Eterno lo puede realizar,
porque en lo infinito de su amor me confundo.

# Mi gran vertiente literaria, el amor a la mujer, dios y la naturaleza

Una mujer me trajo al mundo con el amor de Dios
natural.
Ya nos dejó con un dolor profundo,
que mientras vivíamos en la tierra jamás se nos va a
quitar.

Hijo eres y los mismos pasos tienes que dar,
como virtudes del destino.
Una batalla en la cual tenemos que lograr,
con el sudor de nuestra frente lo mejor del camino.
Cuando a nuestros viejos les cumplimos,
bendiciones del cielo tienen que venir,
pero a veces es tan amargo nuestro destino,
que a nadie le podemos reprochar por el karma que
tenemos que vivir,
qué día había se siente el latir
de aquellos corazones sufridos.
Los golpes llegan como cadenas, sin mentir,

hasta que te vayas de este mundo perdido.


Levantas tus criaturas con moral y amor sentido,
con la bendición del Padre Eterno y tus sacrificios,
y nos pasa lo que jamás habíamos querido,
ver enterrar a uno de mis hijos.


Esta es nuestra universidad de la vida,
de golpes y tropezones,
donde con paciencia curamos las heridas,
de tristezas y decepciones.


Me voy cansado de mis tristezas y diversiones,
que el tiempo en mi andar me regaló.
Porque la vida es como un mar de canciones,
que el centro de sus olas este poeta no naufragó.


Cuando las olas en el centro del mar
me levanto,
y mi mirada busqué a mi padre eterno en el cielo,
tú eres mi único Salvador,
te lo imploró yo,
sácame de este infierno de estas aguas profundas,
porque tú amor es verdadero.

# La flor que desnudé

Fue tan grato desnudarte tu cuerpo,
con tanta inocencia y ternura
de leer tu pensamiento
y luego, suavemente, acariciar tus labios con dulzura.

Tus pétalos destilaban aroma de flor pura,
mirando tu exuberante paisaje natural.
Fui  bajando hasta llegar al umbral
de la desembocadura de tu llanura.

Me puse a calificar tu estructura,
tu larga cabellera y ojos azabaches,
con dimensiones seguras,
dispuesta a brindar su rico chocolate.

¿Cómo hago viendo ese hermoso escaparate
sedienta de loca pasión?
Es el momento de romper el hielo y besarte,

buscando la boca del huracán con tantas ansias, hasta
perder la razón.

Fue tan buena calificación

que mis versos en su vientre marqué,

quedando presente mi grabación

y mariposita volar con el amor de la primera vez.

# Agradecimientos

Agradezco a Dios Padre Eterno,
poniendo en mi camino a un ser
maravilloso para cumplir
mi sueño para editar mi libro:
Grethel María Palacios Guido.
Tú eres
Grande, Padre Amado,
me pusiste fe, la luz en el camino para que me diera a
conocer como poeta y escritor: Gabir Meza Camacho

Aquí está tu obra
hecha realidad.
Mis tres fuentes de inspiración
Titulo
Subtitulo

Dios, la mujer y la naturaleza

# Biografía el poeta chenguero

Nació en el corregimiento de Rosario de Chengue,
Magdalena
Un día 16 /09 /1960

En este libro de poemas quiero recalcar a mis seguidores, que la poesía es un medio de comunicación para el amor en pareja, para ver florecer la Paz en el mundo.

La poesía es parte de la filosofía, porque nutre las raíces de la relación, cortando los caminos del odio.

Lean poesías y serán buenos seguidores del amor.

Con la bendición del Padre Eterno, se cumplió mí sueño y el de Grethel María Palacios, como pilar fundamental. Gracias son poquitas mis palabras de agradecimiento, gracias, sueños cumplidos, los llevaré en mi corazón grabados por el resto de la eternidad.